# LE BAYARD

## DES TEMPS MODERNES,

OU

### ACTIONS HÉROIQUES ET FAITS D'ARMES

DU

## Maréchal Oudinot,

### DUC DE REGGIO.

Par F. d'Olincourt.

A Bar-le-Duc,

RUE ROUSSEAU, 55.

1847.

# LE BAYARD

## DES TEMPS MODERNES.

Au moment où la patrie pleure l'une de ses gloires, un guerrier digne de l'ère romaine, et qui a laissé loin derrière lui les souvenirs de la phalange grecque, on lira sans doute avec intérêt une courte notice sur la belle carrière de celui qui fut *sans peur et sans reproche*, de celui qui fut le compagnon d'armes et l'ami du héros de nos âges, de l'homme immortel dont le nom vivra comme ceux d'Alexandre et de César.

Un volume nous suffirait à peine si nous voulions narrer tous les hauts faits qui illustrèrent celui qui , en partant comme simple volontaire , à l'âge de seize ans, portait dans sa giberne le bâton de Maréchal de France, aussi me bornerai-je à citer les traits principaux de cette belle et mâle existence , en prenant pour base de mon travail les lignes que nous insérâmes sur le Maréchal Duc de Reggio dans nos *Annales de la Légion-d'Honneur,* publiées en 1840. Puissent ces lignes, qui sont un hommage rendu à la mémoire de l'une des gloires de la France, adoucir les regrets de sa digne épouse, du modèle des mères ; puissent ces lignes calmer un instant la douleur de ses nombreux amis et de sa famille inconsolable ; puissent-elles dire au noble héritier des vertus guerrières du Duc de Reggio , au brave et loyal lieutenant-général appelé à lui succéder , que toute la France éprouve comme lui l'étendue de la perte qu'il vient de faire , puissent-elles lui dire que tous les cœurs vraiment français partagent le deuil de son âme.

Le maréchal , qui illustra les noms d'Oudinot et de duc de Réggio , était un noble débris des victorieuses cohortes de la République et de l'Empire ; loyal et franc , bon et généreux , plein de gloire et d'honneur, il cachait les cheveux blancs du vieillard sous les lauriers du héros. L'illustre maréchal duc de Reggio avait versé son sang pour la patrie sur tous les champs de bataille de l'Europe, il était entré en vainqueur dans diverses capitales, et, après avoir brillé à la tête de la garde nationale parisienne, et comme grand chancelier de l'ordre royal de la Légion-d'Honneur , il gouvernait en père les vieux témoins de ses exploits : c'était une noble retraite donnée à l'un des plus nobles enfants de la France.

OUDINOT (Nicolas-Charles), était né à Bar-le-Duc, le 25 avril 1767, d'une famille très-honorable ; il fut soldat par vocation , car son père le destinait à une profession paisible. Agé de 16 ans seulement, emporté par un penchant naturel pour l'état militaire, il s'enrôla dans le régiment de Médoc. Trois ans après , il dut céder aux vives instances de ses parents, qui le rappelaient à eux ; mais, lorsqu'en 1791 nos frontières furent menacées , il reprit à l'instant sa place sous les drapeaux : son âme bouillante s'électrisait à la pensée qu'il pouvait être utile à sa patrie. A cette époque , l'émigration de la noblesse qui , presque seule avait les grades dans l'armée, était favorable à l'avancement. Déjà le jeune Oudinot commandait le 3e bataillon de la Meuse, place qui lui fût donnée par le vote unanime de ses concitoyens, lorsque , en 1793, sa belle défense du fort de Bitche, où il fit 700 prisonniers aux Prussiens , le fit nommer colonel du régiment de Picardie, formant la 4e demi-brigade de l'armée de Rhin et Moselle.

Son régiment était aux postes avancés , et séparé de l'armée, près de Morlanter , lorsque, le 2 juin 1794 , dès quatre heures du matin , il fut attaqué par 10,000 prussiens. Depuis dix heures il soutenait une lutte inégale , lorsque six régiments de cavalerie vinrent se joindre aux assaillants. Oudinot , sommé de se rendre, répondit en faisant former le carré à ses troupes, et en ranimant le courage de ses soldats ; malgré les charges vigoureuses de l'ennemi ; il parvint à se faire jour et à rejoindre le corps principal de l'armée française, sans se laisser entamer un instant. Le lendemain , le nom d'Oudinot fut donné pour mot d'ordre, la conduite de son régiment fut mise à l'ordre du jour général de l'armée, et, peu de jours après , le jeune colonel fut nommé général de brigade. C'est à l'occasion de cette brillante affaire que le surnom de *brave* lui fut donné par acclamation dans toute l'armée.

Quelques mois ensuite, par une manœuvre habilement conçue et hardiment exécutée, il s'empara, le 7 août 1794, de la ville de Trèves, dont il fut nommé commandant. Il y eut la jambe cassée. Déjà, dans la même année, sous les murs de Hagueneau, il avait reçu un coup de feu à la tête.

Avant d'être rétabli de ses blessures, Oudinot partit pour les bivouacs de l'armée de Rhin et Moselle, et là, malgré des prodiges de valeur, dans une attaque de nuit, à Neckreau, le 18 octobre 1795, il fut littéralement haché de coups de sabre et fut fait prisonnier. Rendu libre, par échange, après cinq mois de captivité, il prit plusieurs places sur les deux rives du Danube : Nordlingen, Donawerth et Newbourg. Au blocus d'Ingolstadt, en 1796, il résista pendant dix heures à toutes les attaques des troupes ennemies commandées par le général autrichien Latour, et reçut cinq blessures : une balle dans la cuisse, un coup de sabre au cou et trois autres au bras. Cependant, il ne voulut prendre que quelques jours de repos à Ulm, où il fut transporté, et, le bras encore en écharpe, il se mit à la tête d'un corps de cavalerie, composé du 7e de hussards et des 10e et 17e de dragons, attaqua impétueusement trois bataillons ennemis, et les força à se rendre.

Il passa ensuite de l'armée de Rhin et Moselle à l'armée du Danube. Ses bonnes dispositions à Feldskirch, rendirent nuls les efforts du général autrichien. Après un combat de quelques heures, voyant que ses soldats manquaient de cartouches, il ordonna de charger à la baïonnette, et lui-même fondit sur l'ennemi avec quelques dragons qu'il avait auprès de lui. Les Autrichiens, culbutés et poursuivis, perdirent quatre pièces de canon et environ 1,000 hommes. La belle conduite d'Oudinot dans cette affaire, et à la prise de Manheim et de Constance, lui méritèrent le grade de général de division , auquel il fut promu le 12 avril 1799.

Deux mois après, chef d'état-major de Masséna, il conduisit nos soldats à la victoire dans de nombreux combats en Suisse, et contribua puissamment aux brillants succès de la mémorable bataille de Zurich, où il reçut une balle dans la poitrine. S'élançant toujours impétueusement au milieu des dangers , dans la même campagne , à Schvitz , une balle lui fit une autre blessure à l'épaule. La défaite de Korsakow mit fin aux succès de Souvarow , et la France fut cette fois sauvée de l'invasion étrangère.

Masséna, qui avait su distinguer la haute capacité du général Oudinot, continua à se l'attacher comme chef d'état-major, dans la belle campagne d'Italie. Oudinot partagea la gloire de la courageuse défense de Gênes , où , malgré les horreurs de la famine, les français se défendirent si longtemps. Il s'y exposa aux plus grands dangers, en traversant deux fois , par mer, dans une frêle embarcation, les lignes de la flotte anglaise pour communiquer avec le général Suchet, qui se trouvait dans le comté de Nice. Il fallait un grand dévouement, une étonnante intrépidité pour entreprendre des voyages aussi périlleux, et une bien grande adresse pour triompher de tant de difficultés. Ce fut peut-être l'action la plus aventureuse de la vie du héros Meusien.

La conduite d'Oudinot, en Suisse et en Italie, est caractérisée par ce passage d'un rapport de Masséna au ministre de la guerre: « Je n'ai pas » d'expression pour donner une idée de l'activité , du patriotisme et de » la haute intelligence avec lesquels le général Oudinot m'a secondé en » Suisse et en Italie : il était partout et à tout ; il n'a pas seulement ac-

» quis mon estime et mon attachement, il a droit à la reconnaissance pu-
» blique. »

A la fin de l'année 1800, le 20 décembre, l'armée autrichienne était campée sur le Mincio. Pour s'opposer à son passage, Brune, qui avait succédé à Masséna, dans le commandement en chef, fit établir sur la hauteur de Mouzambour une batterie à la faveur de laquelle tout le centre de notre armée pût elle-même passer ce fleuve. Mais, pendant la nuit, les autrichiens profitant d'un monticule par eux fortifié, avaient établi une redoute masquée, sur laquelle ils avaient placé une formidable artillerie ; puis, se retirant à dessein, ils laissèrent nos troupes s'avancer. Tout-à-coup la mitraille foudroie nos soldats ; ils fuient ; ils vont se jeter dans le fleuve. Oudinot, indigné de l'inertie des chefs, et frémissant de rage, juge jusqu'où pouvait aller ce désordre fatal ; il accourt, et sans autre suite que son état-major, il s'élance sur la formidable batterie, à travers une grêle de mitraille et de boulets. Il parvient, à travers ce rempart de feu, aux canonniers, et les sabre sur leurs pièces, les uns fuient, les autres sont tués sur place ; le feu meurtrier cesse, Oudinot s'empare ainsi de douze pièces de canon, et nos soldats ralliés poursuivent les autrichiens qui fuient épouvantés ; ils repassent l'Adige, éprouvent de grandes pertes, et sont chassés jusqu'aux lagunes de Venise, où la paix vient mettre un terme aux actions d'éclat du brave Oudinot.

Tandis que ces brillants succès faisaient admirer le courageux dévouement d'Oudinot et sa rare intrépidité, lui, rempli de modestie, s'oubliait souvent dans les rapports qu'il avait à rédiger comme chef d'état-major. Voici comment il rendit compte de la part qu'il avait prise à l'affaire que nous venons de citer, dans son rapport ayant pour titre : *Journal histo-*

*rique des opérations de l'armée d'Italie*, qui fut imprimé par ordre du gouvernement : « Conduits par un général (dont il tait le nom), là où la
» résistance était la plus forte, quelques officiers d'état-major (il cite leurs
» noms), culbutèrent tout ce qui se trouva sur leur passage, parvinrent
» à enlever douze pièces de canon, et donnèrent par ce dévouement le
» temps à la division d'arriver à leur hauteur. Le général qui était à leur
» tête eût un cheval blessé, etc. »

Envoyé à Paris, par Brune, qui avait su apprécier son mérite militaire, pour y apporter les nombreux drapeaux, témoignages de nos victoires, il reçut du premier consul, en signe de la reconnaissance publique, un sabre d'honneur et un des canons qu'il avait enlevés à l'ennemi, trophée qui décore aujourd'hui sa magnifique terre de Jeand'heurs, près de Bar ; c'est dans cette terre que le courageux et loyal Oudinot se reposait des fatigues des camps ou de l'ennui des cours, aussi en a-t-il fait une habitation princière, au milieu d'un parc admirable par sa végétation luxuriante. Un musée militaire, composé d'armes rares et curieuses de toutes les époques et de tous les pays, a été formé à Jeand'heurs par ses soins : c'était une douce émanation de son âme, une décoration selon son cœur, et qui lui rappelait des souvenirs de gloire, les temps où la patrie victorieuse pouvait aspirer à la conquête du monde.

A la paix de Lunéville, les loisirs du général Oudinot furent employés à l'inspection générale d'un grand nombre de corps d'infanterie et de cavalerie, car il était aussi versé dans la connaissance des détails de l'administration des troupes que dans la tactique militaire.

Lors de la fondation de la Légion-d'Honneur, en 1804, Napoléon le décora du grand cordon de l'ordre.

Une autre récompense pour lui fut d'être nommé, lors de la campagne de 1805, au commandement d'un des plus beaux corps de la grande armée, celui des 12,000 grenadiers et voltigeurs réunis ; corps destiné à donner au moment décisif, masse imposante de braves confiés à la direction du plus brave. Avec ses grenadiers, Oudinot se distingua à la prise d'Ulm, au combat d'Elchingen, à la victoire de Günsbourg, aux combats de Wertingen, de Molk, d'Amstetten, où ses grenadiers firent des prodiges de valeur. A Wertingen, trois heures lui suffirent pour mettre en déroute 18,000 grenadiers autrichiens ; au village de Turnhach, où son intrépidité lui fit remporter un avantage signalé, 1,500 autrichiens et russes furent faits prisonniers. Il traversa Vienne l'arme au bras, et, arrivé au Danube, il trouva les autrichiens en bataille sur la rive opposée, et prêts à mettre le feu à des barils de poudre, préparés pour faire sauter le pont. Déjà ses grenadiers s'étaient élancés sur ce pont. Oudinot voit l'affreux danger qui les menace, sans perdre de temps et, par un mouvement aussi prompt que hardi, il franchit le pont au pas de course, et arrive, à la tête de son état-major, sur les soldats qui allaient mettre le feu aux poudres ; ils sont tués ou mis en fuite, et ses grenadiers sont sauvés. Puis, sachant habilement profiter de la terreur que cette action hardie avait jetée dans les rangs ennemis, il se porta en avant, parvint à envelopper les bataillons autrichiens, ainsi que les cuirassiers de l'empereur, au village de Spitzen, et à s'emparer d'un parc d'artillerie composé de 180 pièces de canon et de 300 caissons. C'est dans cette campagne, que le général Oudinot se trouva sous les murs de Vienne quarante-cinq jours seulement après avoir assisté au camp de Boulogne !

Au combat d'Hollabrünn, où les Russes furent complètement battus, Oudinot eut la cuisse traversée d'une balle. Mais, malgré cette blessure, à peine cicatrisée, il se couvrit de gloire à la mémorable journée d'Austerlitz.

Chargé, en 1806, de prendre possession du comté de Neufchâtel, cédé par la Prusse ; sa conduite noble, équitable et désintéressée, lui concilia tellement l'estime et l'affection des habitants, qu'à son départ ils lui donnèrent le titre de citoyen de Neufchâtel, transmissible à ses enfants, et une épée d'honneur, qui portait cette inscription : *La ville de Neufchâtel au Général Oudinot.* Lorsque, quatre ans plus tard, il alla de même prendre possession de la Hollande, il reçut dans ce pays d'autres témoignages d'estime : les magistrats d'Amsterdam lui firent l'hommage d'une épée d'un grand prix. A Neufchâtel, les souvenirs laissés par le brave Maréchal sont si honorables que le roi régnant, Frédéric Guillaume, écrivit tout récemment au fils aîné du maréchal : « J'ai pour votre il-
» lustre père autant d'estime que d'affection, et, j'aime toujours à me
» rappeler les titres honorifiques et héréditaires qui attachent votre fa-
» mille à ma principauté de Neufchâtel.

Dans les campagnes de 1806, 1807 et 1808, Oudinot contribua aux succès de la grande armée. La bataille d'Iéna lui ouvrit les portes de Berlin, où il entra le 25 octobre 1806. Le 6 février 1807, il remporta la victoire d'Ostrolenka. Au siége de Dantzick, dans une action contre les Russes, il eut son cheval emporté par un boulet ; sans se déconcerter, il combattit à pied, à la tête de ses grenadiers, et mit les Russes en déroute. Dans le combat qui amena la reddition de cette place, il tua trois russes de sa main. Admirant sa belle conduite, le maréchal Lefèvre, quand il fit son entrée à Dantzick, voulait qu'il fût à ses côtés, partageant son triomphe, mais le général Oudinot s'y refusa avec modestie. A Friedland, il fut cité pour la valeur et l'intrépidité avec lesquelles il avait résisté, pendant onze heures, aux efforts de l'armée russe composée de 80,000 hommes agglomérés sur un même point, quand il n'avait que 10,000 grenadiers et voltigeurs à leur opposer, ce qui donna à Napoléon le temps de se joindre au reste de l'armée ; aussi, quand l'empereur arriva sur ce terrain jonché de morts, il dit au général de ses grenadiers : « Vous avez » fait des prodiges ; quand vous êtes quelque part, on ne doit craindre » que pour vous. Vous me rappelez Léonidas, mais votre dévouement » aura un plus heureux succès. C'est à moi de compléter la journée. » Et bientôt, en effet, la victoire ne fut plus douteuse ; soixante mille hommes furent mis hors de combat, et la paix de Tilsitt fut le prix de cette journée. A la suite de cette campagne, le titre de comte de l'Empire fut donné à Oudinot, avec une dotation d'un million de francs.

En 1808, Oudinot fut nommé gouverneur d'Erfurt.

Toujours à la tête de ses grenadiers, en 1809, il se signala dans la guerre contre l'Autriche. Il formait l'avant-garde de l'armée. Il dispersa d'abord l'ennemi à Pfanffenhoffen ; remporta l'avantage dans tous les combats qu'il livra ; se couvrit de gloire à Ebersberg, où 7,000 français passèrent sur le corps de 35,000 autrichiens. Lors de la bataille d'Essling, où il rendit les plus grands services à l'armée, l'empereur fit le choix du brave Oudinot pour succéder au duc de Montebello, et le bulletin de la grande armée annonça ainsi la nomination de celui que Napoléon appelait le *Bayard moderne :* « L'empereur a donné le commandement du » deuxième corps au comte Oudinot, général éprouvé dans cent combats,

» où il a montré autant d'intrépidité que de savoir. » Le lendemain, il contribua puissamment à la victoire de Wagram, où quatre cent mille combattants prononcèrent sur le sort de l'Europe.

Napoléon le nomma enfin Maréchal de France, titre bien plus glorieux, bien plus significatif que ne l'était alors celui de Duc de Reggio, qui lui fut donné quelques jours après; ce titre, qu'il a depuis illustré, avait comme tous les noms étrangers donnés à nos maréchaux, le tort de remplacer un nom tout français, célèbre déjà et connu de toute la France. Cent mille livres de rente furent attachés par l'empereur au titre de Duc de Reggio. N'oublions pas de dire, avec M. le Baron Denniée, auquel j'emprunte ces détails, que l'empereur Alexandre, qui avait apprécié au plus haut degré les qualités éminentes du maréchal Oudinot sur les champs de bataille, lui adressa directement des félicitations aussi affectueuses qu'honorables sur son élévation à une dignité dont l'Europe entière le jugeait digne, comme l'armée française elle-même.

En 1810, le maréchal Oudinot prit possession de la Hollande, au nom de la France, et, dans cette mission difficile où il était chargé d'enlever la couronne au Roi Louis-Napoléon, son ami, le duc de Reggio fit preuve de beaucoup de tact et de modération. Souvent il s'est plu à nous parler de cette circonstance de sa vie, qui était fort délicate, car il avait à exécuter les ordres de son souverain, et il a su le faire sans s'aliéner son frère, qu'il venait cependant déposséder de son trône.

Dans la désastreuse campagne de Russie, le maréchal duc de Reggio, commandait un des principaux corps dans ces régions glacées, et il prit part à toutes les principales affaires. A la tête du deuxième corps, fort de 36,000 hommes, il passa le Niémen, dans la direction de Polotsk, et s'empara du camp retranché du général Wittgenstein. Il se distingua particulièrement à l'affaire de Drissa ou d'Oboïarszina, le 1er août, où le général russe Kounief, qui commandait le corps d'armée, perdit la vie; là, le maréchal Oudinot chargea lui-même l'ennemi, aussi une division entière fut-elle anéantie par lui; quatorze pièces de canon et leurs caissons et près de trois mille prisonniers furent les trophées de cette journée, et l'on doit ajouter que la terre, pendant une lieue de distance, fut couverte des cadavres de nos ennemis. Un coup de biscaïen que le maréchal reçut à l'épaule, dans la journée du 17, le força d'interrompre ses utiles travaux et de rester à Wilna; mais, en apprenant les premiers désastres de notre armée, à la suite de l'abandon de Moscou, il voulut aussitôt, quoique à peine convalescent et dans un état de faiblesse extrême, retourner au poste du péril et reprendre le commandement de ses troupes. Les avantages qu'il remporta donnèrent quelque espoir à cette armée qui, dès le commencement de sa retraite, semblait pressentir son horrible destin. Il parvint à la Bérésina, qu'il traversa avec un corps de 7,000 combattants, quand l'armée entière n'en comptait plus guère que 30,000. Il marcha aux Russes, les repoussa dans la direction de Borisow, et dirigea un détachement sur Zembin dont la possession assura à l'empereur la route de Maladuzno. Sans lui, peut-être, Napoléon fût tombé au pouvoir de l'ennemi.

Dans un des combats acharnés qu'il eut à soutenir alors, il reçut une balle qui le renversa. Il fut transporté à la hâte au-devant de l'armée, dans le petit village de Plechtenitsoüi. A peine avait-on eu le temps de panser sa blessure, qu'un *hourra* se fit entendre; le village fut cerné par une nuée de cosaques, ayant deux pièces d'artillerie légère. Le Maréchal, affaibli par la perte de son sang, et dans un état presque désespéré, résolut cependant de se défendre et répondit, à un officier de cosaques, qui lui fit en très-bon français la sommation de se rendre : « *Un* » *Maréchal de France ne se rend pas !.....* » Résolu à se défendre, et à périr, à sa voix, ses aides-de-camp, ses domestiques, quelques officiers et soldats se rallient, au nombre d'une trentaine ; ils barricadent la maison et font un feu nourri sur les cosaques, tuant ou blessant tous ceux qui osent approcher. Enfin, l'avant-garde des débris de l'armée française parut, et le maréchal fut sauvé.

Après quelques mois de repos, en 1813, il contribua au gain des batailles de Lutzen et de Bautzen. A celle de Leipsick, il commanda deux divisions de la jeune garde qui se couvrirent de gloire, mais qui ne purent maîtriser la fortune, malgré les combats journaliers, et toujours heureux, que le maréchal livrait. Que pouvait la valeur française contre les intrigues et les défections de tant de nations étrangères liguées pour nous arracher la victoire ?

Dans la campagne de 1814, quand la guerre vint, plus ardente et plus vive, attrister la patrie, à la tête de la jeune garde, le maréchal Oudinot prit part à toutes les actions, et, malgré que l'armée française fût décimée par les fatigues et les maladies, il se distingua particulièrement à Brienne, à Champaubert, à Nangis, à Arcis-sur-Aube, à Montmirail ; les dangers de la patrie paraissaient redoubler son courage. Blessé au combat d'Arcis, rien ne put le décider à quitter le champ de bataille. Partout le duc de Reggio fit noblement son devoir, et il fut l'un des plus dévoués lieutenants de l'empereur pour défendre la patrie en danger.

Son cœur tout français fut douloureusement affecté de l'inutilité de tant d'efforts généreux et de la présence, sur le sol de la patrie, de ces étrangers qu'il avait tant de fois battus ! Cependant ceux de leurs généraux qui se trouvaient à Bar-le-Duc, se plaisaient à lui donner un témoignage d'estime, en venant saluer avec respect son vieux père.

Après la paix que la France dut subir, Louis XVIII, à son tour, sut reconnaître le mérite du maréchal duc de Reggio. Il le nomma successivement : Gouverneur de la 3e division militaire, Pair de France, Colonel général des régiments de grenadiers et de chasseurs formés des corps de la garde impériale, qui furent bientôt licenciés, puis Major général de la garde royale ; enfin Commandant supérieur de la garde nationale parisienne, dont il fit un corps admirable par son patriotisme et son amour de l'ordre.

En 1823, il fut chargé du commandement du 1er corps de l'armée d'Espagne et il prit Madrid et en fut nommé gouverneur. Pendant cette campagne, le Maréchal sut maintenir parmi ses troupes la discipline la plus sévère.

En 1830, lorsque la Révolution de Juillet s'accomplit, le maréchal était à sa terre de Jeand'heurs, et l'on se rappelle avec bonheur dans la Meuse qu'il se fit inscrire alors comme simple grenadier dans les rangs de la garde nationale de Bar-le-Duc.

Après l'horrible attentat qui coûta la vie au maréchal Mortier, M. le maréchal duc de Reggio fut appelé, en 1840, à le remplacer dans le poste éminent de Grand-Chancelier de la Légion-d'Honneur, et il sut gérer cette haute fonction avec une justice impartiale, exempte de faiblesse.

En 1842, le roi le nomma Gouverneur des Invalides, et c'était satisfaire les besoins de son cœur, car il aimait à se rendre utile aux glorieux débris de nos armées, à secourir, à aider les vieux soldats, les vieux témoins de sa gloire militaire.

M. le maréchal duc de Reggio, quoique dans un âge avancé, avait conservé la vigueur de son esprit et l'énergie de son âme toute française. Mais les douleurs physiques lui rappelaient trop souvent ses nombreuses blessures, aussi avait-il besoin d'aller respirer l'air pur de sa magnifique terre de Jeand'heurs et d'y prendre un repos indispensable dans les bosquets qu'il aimait à visiter ; M. le maréchal duc de Reggio venait d'y passer quelques mois, quand, rentré à l'hôtel royal des Invalides, dans les derniers jours du mois d'août 1847, sa santé parut de nouveau atteinte ; le mal fit des progrès rapides, et l'illustre Meusien, qui fut le compagnon et l'ami du grand empereur, mourut, calme et résigné, le 13 septembre 1847. Ainsi a fini celui qui fut *sans peur comme sans reproche*, et s'il a pu regretter l'absence de ses nobles fils, qui servaient alors la patrie dans cette nouvelle France qui s'élève et grandit sur les plages africaines, du moins les autres membres de sa noble et intéressante famille, et son épouse, ange de douceur, de bonté et de charité évangélique, entouraient son lit de mort, et leurs larmes amères lui ont dit quelle était leur profonde douleur et lui ont exprimé que leurs regrets seraient éternels comme le souvenir de sa glorieuse carrière.

M. le Duc de Reggio était Maréchal et Pair de France, Gouverneur de l'hôtel royal des Invalides, Chevalier des ordres du Roi, Grand'Croix de l'ordre royal et militaire de Saint-Louis et de l'ordre royal de la Légion-d'Honneur, Chevalier de la Couronne de fer, Grand'Croix des ordres Impériaux et Royaux de saint Waldimir de Russie et de l'aigle blanc de Pologne, de Maximilien Joseph de Bavière, de Charles III d'Espagne, du Lion Néerlandais, de l'Aigle Rouge et de l'Aigle Noir de Prusse, de saint Henri de Saxe, etc., etc.

Le 16 septembre, le corps de l'illustre maréchal fut reçu dans le caveau du Dôme de l'église des Invalides, et le 5 octobre, il fut placé dans une chapelle ardente, à l'entrée de l'église à gauche. Tous les invalides furent réunis en bataille et en grande tenue dans la cour de l'hôtel pour rendre les derniers devoirs au Maréchal, leur bienfaiteur, et, dès le matin, tous les corps de la garnison de Paris étaient sous les armes et rangés en ligne devant l'hôtel et sur l'esplanade des Invalides.

C'est ce même jour, mardi, 5 octobre 1847, que les funérailles de l'illustre duc de Reggio eurent lieu, et ses obsèques furent magnifiques. Les notabilités du jour, une foule de militaires de l'ancienne et de la nouvelle armée, des gardes nationaux de tous grades et un public immense se trouvaient à cette lugubre cérémonie, à laquelle on a remarqué des officiers supérieurs étrangers chargés de décorations, et Bou-Maza lui-même, dans son costume africain, la tête couverte du burnous de schérif.

Le portail de l'église, du haut en bas, et tout l'intérieur du temple étaient tendus de draperies noires , ornées du chiffre et des armoiries du Maréchal, et , à l'intérieur , on remarquait seize écussons portant les noms des principales batailles qui élevèrent si haut la renommée du Maréchal : *Zurich, Gènes, Mincio, Amstetten, Vienne , Hollabrün, Neufchâtel, Ostrolenka , Friedland, Ebersberg, Wagram , Polotsk, La Bérésina, Bautzen , Arcis-sur-Aube et Madrid.* Tout , dans cette majestueuse décoration funèbre, inspirait le deuil et le recueillement, et son caractère militaire impressionnait vivement les esprits ; c'était un digne et dernier hommage rendu par une grande nation à un illustre guerrier ; c'est que , comme l'a dit le général Petit , commandant l'hôtel royal des Invalides, l'homme illustre auquel la nation adressait cet hommage suprême , « n'était pas seulement un grand capitaine, un héros de » nos légendes militaires , c'était aussi un grand citoyen , passé à l'im-» mortalité ! »

Tous les grands corps de l'Etat avaient envoyé des députations à cette solennité funèbre.

Un clergé nombreux ouvrait la marche du cortége ; puis venait le cercueil renfermant les restes du maréchal.

Les cordons du poële étaient tenus par M. le duc de Mortemart , par M. le général marquis de Lauriston , par M. le maréchal Molitor et par M. le duc Decazes , grand référendaire de la chambre des pairs.

Puis, recouverts de longs manteaux de deuil, venaient les fils, petits-fils, gendres et amis particuliers du maréchal. On se sentait ému à l'aspect de la profonde affliction du lieutenant-général Oudinot, dont le visage était inondé de pleurs et présentait, à peine combattue par la fermeté militaire de sa race, l'image de la douleur filiale la plus poignante.

Après un service religieux solennel, auquel assistait monseigneur l'archevêque de Paris, a eu lieu le convoi funèbre, et les troupes de la garnison ont défilé, l'arme sous le bras gauche, devant le char funèbre.

Enfin le corps de M. le maréchal Oudinot a été descendu dans le caveau qui lui était destiné sous le dôme des Invalides, près du tombeau de l'empereur, son souverain et son ami.

C'est là que reposent les restes de l'une de nos plus grandes illustrations militaires, les restes du héros du Mincio, d'Amstetten, d'Ostrolenka, de Friedland, de Wagram, et de cent autres batailles où son sang fut prodigué pour la patrie.

Grand homme de guerre, le maréchal duc de Reggio avait une bravoure qu'aucun général n'a pu surpasser, aussi a-t-il été du nombre des grands capitaines qui ont assuré les victoires de l'empereur Napoléon aux mémorables journées d'Austerlitz, d'Iéna, de Friedland et de Wagram; aux éminentes qualités du guerrier, à l'amour de la patrie, M. le maréchal duc de Reggio réunissait un grand esprit de justice, des principes sages et modérés en politique, l'habitude de la bienfaisance, un cœur généreux, un noble désintéressement, une probité exemplaire qui s'est signalée en cent occasions, enfin une modestie rare dont nous avons donné la preuve. Aussi l'on peut répéter pour lui ces mots tracés pour Turenne : *Sa vie est un hymne en l'honneur de l'humanité.*

Le pays qui l'a vu naître s'est ému à l'annonce de la mort de l'illustre Maréchal, et le conseil municipal de la ville de Bar-le-Duc a ouvert spontanément une souscription pour qu'une statue fût élevée à la mémoire du guerrier *sans peur et sans reproche.* Les listes dressées à ce sujet se couvrent de signatures, et l'on peut espérer que Bar-le-Duc verra ériger, au centre de sa place municipale, un monument digne du grand homme de guerre qui fut soldat volontaire à 16 ans et maréchal de France à 42! Le gouvernement, l'armée, et la garde nationale parisienne, voudront prendre part à l'érection de cette statue à celui dont la mémoire sera conservée comme celle des Turenne, des Bayard et des Duguesclin. La statue du noble maréchal pourrait être en bronze, et il serait convenable que le gouvernement en fît faire la coulée au moyen de canons pris sur l'ennemi par le maréchal lui-même : sa statue serait ainsi un glorieux souvenir de ses brillantes victoires. Le héros du Mincio, de la Drissa et de Wagram serait revêtu de ses insignes de maréchal, posé dans l'attitude du commandement, et serait reçu sur un pavois ou bouclier antique, supporté par une réunion de canons posés debout sur un amas d'obus, de boulets et de bombes ; chaque canon porterait le nom d'une des victoires de l'illustre maréchal ; ce support guerrier aurait d'ailleurs les formes et les proportions d'un piédestal cylindrique. Au lieu de bornes au pourtour, nous verrions avec plaisir qu'on leur préférât des trophées ou faisceaux d'armes, avec une suite de fusils, de mousquets et de carabines, pour remplacer les fuseaux ou lances dont l'emploi est devenu trop vulgaire; les canons et les armes seraient liés et unis par des festons et des couronnes de lauriers et par les palmes de la victoire. Tous ces ornements symboliques devraient, à notre avis, être exécutés dans les fonderies du département et avec de la fonte de la Meuse, de ce pays auquel l'illustre Maréchal a fait tant de bien, de ce pays auquel il avait voué ses plus chères affections et dans lequel il a créé en quelque sorte une pépinière de capitaines, de colonels et de généraux.

F. D'Olincourt.